COLLECTION
CONNAÎTRE UNE ŒUVRE

ROMAIN GARY

Clair de femme

Fiche de lecture

Les Éditions du Cénacle

© Les Éditions du Cénacle, 2020.

1 rue Honoré - 93500 Pantin.

ISBN 978-2-36788-958-0

Dépôt légal : Juin 2020

Impression Books on Demand GmbH

In de Tarpen 42

22848 Norderstedt, Allemagne

SOMMAIRE

BIOGRAPHIE

ROMAIN GARY

Enfant de la révolution russe, Roman Kacew naît le 21 mai 1914 et passe un début d'enfance avec sa mère à Wilno, future capitale de la Lituanie. Le tandem subsiste grâce à la maison de couture qu'ouvre Nina, le temps de se rendre à Varsovie, en Pologne. Roman commence dès lors son éducation à l'école polonaise pour ensuite intégrer le lycée. Parallèlement, Nina lui enseigne l'histoire de France et le français.

Mère et enfant poursuivent leur itinéraire et s'installent dans l'Hexagone en 1928, sur la côte niçoise. Nina met en vente des bijoux et finit par diriger l'hôtel-pension Mermonts, halte appréciée par Ivan Mosjoukine, père probable et idéalisé de Roman. Après s'être essayé péniblement à la peinture et à la musique, celui-ci se dédie à l'écriture avec ferveur.

Roman Kacew se rend à Aix-en-Provence puis à Paris pour des études de droit. En février 1935, la publication de sa nouvelle « L'orage » dans la revue *Gringoire* ouvre sa carrière littéraire sous de favorables auspices et lui accorde mille francs. Somme bienvenue, puisqu'il enchaîne les emplois précaires afin de survivre. Le jeune homme, s'alimentant « de concombres et de pain » ne cesse toutefois pas d'écrire. Il envoie un premier manuscrit, *Le Vin des morts*, à Robert Denoël qui le refuse et transmet à Kacew trente pages de psychanalyse dévoilant les divers complexes dont il souffrirait. Un premier roman sulfureux que Roger Martin du Gard commentera : « C'est ou le livre d'un fou ou bien d'un mouton enragé. »

Romain s'engage dans l'armée en 1938 pour suivre un entraînement d'aviateur à l'école d'Avord (Cher). Naturalisé français seulement depuis 1935, et dans un contexte où la xénophobie sévit encore, il s'agit du seul à ne pas être nommé officier mais caporal-chef. Il devient instructeur de tirs aériens au sein de l'école de l'air à Salon-de-Provence puis à Bordeaux-Mérignac. En mission, l'escadre de bombardement doit se replier sur Meknès, au Maroc. Romain parvient à rejoindre Londres avec seulement deux-cents autres aviateurs s'alliant à la France libre de Charles de Gaulle.

Suite à un incident l'envoyant en Afrique, Romain regagne l'Angleterre, où il débute la rédaction de *Forest of Anger* (*Éducation européenne*) se déroulant en Pologne. Le roman signé sous le pseudonyme Romain Gary rencontre un vif succès. Après cette première réussite littéraire anglophone, l'auteur se fait attribuer la Croix de la Libération, félicité par De Gaulle.

Romain devient l'adjoint du chef d'État-major de l'Air à Londres et épouse Lesley Blanch, russophile. Il obtient l'autorisation de revoir sa mère à Nice mais découvre qu'elle est morte depuis trois ans. Elle n'aura donc jamais eu connaissance des prouesses de son fils, qui est nommé alors premier secrétaire d'ambassade de France en Bulgarie. En 1951, Romain Kacew devient officiellement Romain Gary, et, il voit *Les Racines du ciel* auréolé du prix Goncourt en 1956. Il passe ensuite quelques temps à Hollywood, écrivant pour *Life Magazine*, devient scénariste et mène quelques reportages pour *France-Soir*. Il épouse, entre ces projecteurs et caméras, l'actrice Jean Seberg engagée auprès des Blacks Panthers. Elle lui donne un premier fils, Diego.

En 1974, Romain Gary commence à publier sous le nom d'Émile Ajar. Il demande à son petit cousin, Paul Pavlowitch qu'il soutient financièrement, d'incarner le pseudonyme devant le Mercure de France et les médias. C'est dans cette mascarade que Romain Gary reçoit son deuxième prix Goncourt pour *La Vie devant soi* en 1975, la critique ignorant la réelle identité d'Ajar. Il mène ainsi plusieurs vies littéraires de front avec humour et vivacité, non sans le désir de se jouer de la haute sphère littéraire de l'époque.

Jean Seberg, profondément meurtrie par la mort de son second enfant et dont Romain Gary soupçonne le FBI d'être la cause, est découverte inanimée en 1979. Un an plus tard, Romain Gary se donne la mort en décembre, dévoilant dans une lettre être Émile Ajar et écarte son geste fatal d'un quelconque rapport avec la disparition de Jean Seberg. Les cendres de Romain Gary sont ensuite dispersées en Méditerranée.

PRÉSENTATION DU ROMAN

Clair de femme paraît en février 1977. Les Éditions Gallimard procèdent à un premier tirage très ambitieux s'élevant à 44 800 exemplaires en janvier de la même année. En mars, les ventes sont telles qu'il a fallu faire un second tirage s'élevant à 10 000 exemplaires. Ce roman fiction rencontre un réel succès et est présenté comme un hymne à l'amour qui ne tourne pas autour de l'homme et de la femme mais autour de la notion de couple. Son retentissement est tel que le livre est adapté au cinéma trois ans plus tard. Cependant, ce sont des couples brisés qui se rencontrent, se lient et se délient dans une nuit où la mort, « smrt » en serbe, les épie de haut avec son sourire sardonique. Il s'agit dès lors de rentrer à l'intérieur du malheur amoureux, dans ce qui reste après le bonheur et la vie à deux.

Éros et Thanatos se défient dans ce livre très intense avec de forts échos à la pensée pascalienne. Certains des protagonistes redoutent la mort et font vainement diversion tandis que d'autres la bravent avec une dignité sans pareille. Plus malchanceux, d'autres encore l'espèrent et se la voient refuser. À cela s'ajoute le côté macabrement illusionniste du livre qui porte à réflexion. Se pose la question des sentiments que l'on ressent, que l'on nourrit et que parfois l'on biaise sciemment comme involontairement.

L'auteur offre une vision bien plus fouillée qu'une analyse dichotomique de l'amour très limitée. Au contraire, il rend compte avec justesse d'une lutte humaine universelle contre la solitude à travers une profusion de personnages ironiques, à la débauche douce et maternelle, avec des adultes qui ne veulent pas grandir et qui s'égarent dans leur entraide. *Clair de femme* c'est un livre entre trois duos qui se croisent, Michel qui vit l'euthanasie de Yannick, Lydia qui ne parvient plus à porter secours à Alain ainsi que le señor Galba qui redoute un infarctus supplémentaire et le fait que son chien Matto Grosso lui survive. Mais *Clair de femme* c'est aussi la grande saoulerie de la vie.

RÉSUMÉ DE L'ŒUVRE

Chapitre 1

Détenant un billet d'avion pour Caracas, Michel se ravise et rentre en taxi chez lui, où sa femme se meurt d'un cancer. Au sortir du véhicule, il heurte Lydia Towarski, à la belle chevelure blanche. Ses courses s'étalent sur le sol, Michel les ramasse mais ne peut payer le taxi, n'ayant pas le change en euros. Lydia l'avance et ils prennent un café : beaucoup de gêne et quelques confidences. Elle a perdu son mari et sa fille il y a quelques mois. Elle lui donne son adresse ; avant de la retrouver, Michel discute avec Señor Galba, un dresseur de caniches collectionneur d'infarctus. Mal à l'aise, Lydia raccompagne Michel à sa porte.

Chapitre 2

Alors qu'il se décidait à prendre un nouvel avion pour une nouvelle destination, les paroles de Yannick, son épouse qu'il aide à mourir, reviennent à la mémoire de Michel. Elle ne veut pas qu'il la laisse dans un passé oublié et l'incite à trouver une autre femme pour continuer à l'aimer via cette tierce personne. Dès lors, Michel se rend chez Lydia. Ils se soutiennent le temps de faire l'amour et Lydia lui raconte l'accident de son mari. Elle l'incite à lui parler de son histoire mais il repart, la nuit étant déjà avancée.

Chapitre 3

Michel retrouve Señor Galba avant son numéro dans un cabaret, bien qu'il n'ait pas dessaoulé. Le narrateur propose à l'artiste, s'il meurt, de garder son chien. Michel tente d'appeler chez lui, mais il a débranché le téléphone avant de quitter son domicile. Il joint Lydia qui lui dit de l'attendre au bar.

Pendant ce temps, le souvenir de Yannick et de ses conversations nocturnes avec elle l'assaillent.

Chapitre 4

Le numéro du señor Galba révolte Michel. Les caniches sont assis sur des chaises, pattes tombantes, puis un chimpanzé entre en scène pour danser un paso doble avec le caniche rose. Désespéré, Michel appelle Jean-Louis, son meilleur ami à qui il raconte comment Yannick l'a quitté sans expliquer qu'elle est morte. Jean-Louis tente de comprendre et le rassure tant bien que mal : elle reviendra. Michel acquiesce, oui, elle reviendra mais sous une autre forme, dans une autre femme.

Chapitre 5

Alors que Lydia est arrivée au cabaret, des amis de Michel apparaissent. Lydia comprend alors le drame que vit Michel, elle l'emmène voir son mari pour s'entraider. Le malheur n'est pas uniquement chez soi, il est partout. Avant d'entrer dans l'appartement où Lydia l'emmène, Michel lui demande de partir ensemble à Caracas.

Chapitre 6

Sonia, une dame âgée, les accueille avec transport. Elle est russe et veut boire à la santé de Michel qui parle sa langue, mais c'est aussi l'anniversaire de son fils, le mari de Lydia. Sonia présente Michel comme l'ami de Lydia, ce qu'elle prend pour un reproche. Michel se perd dans l'écoute de dialogues morcelés qui n'en finissent plus et dont le sens lui échappe. Un homme garde le mari de

Lydia qui tente régulièrement de mettre fin à ses jours. Lydia convainc Sonia de la laisser voir son époux, Alain, accompagné de Michel.

Chapitre 7

Encore très bel homme, Alain est assis sur un canapé, le regard éteint. Un homme lisant un journal occupe le devant de la fenêtre. Alain, atteint de l'aphasie de Wernicke suite à son accident de voiture, est en rééducation. Il ne prononce que des onomatopées et quelques mots dans des accès de logorrhées, ce qui donne un ensemble peu intelligible. Michel essaye de lui répondre dans le même style, ce qui rend Lydia furieuse. Alain s'efforce d'énoncer clairement « Lydia, je t'aime » sans succès. Bouleversé, Michel se retire avec celle-ci, et récupère ses affaires, excepté son sac de voyage qu'il a égaré.

Chapitre 8

Lydia raconte comment elle a récupéré Alain au sortir de l'hôpital et comment, ayant cessé de l'aimer, elle avait essayé de l'aimer encore davantage. Elle demande à Michel de parler de son épouse, ainsi il lui explique comment Yannick voulait rester femme par-delà la mort et l'exhortait à en fréquenter une autre grâce à qui elle survivrait. Lydia craint de ne pas être prise en compte dans leur possible relation future, et que Michel ne voit que Yannick à travers elle, ce qui la nierait pleinement.

Chapitre 9

Au petit jour, Michel propose à nouveau à Lydia de partir tous deux à Caracas. Elle accepte de quitter le pays mais elle souhaite d'abord qu'il s'en aille seul et revienne au bout de quelques mois, pour s'assurer qu'il ne se trompe pas. Michel téléphone à Galba pour récupérer son sac, et ce dernier lui apprend que son chien, Matto Grosso, est mort avant lui et qu'il se sent lui-même au seuil de la mort. Ils passent chez Michel où il y a déjà du monde, dont son beau-frère qui se désole qu'il soit encore ivre. Michel lui donne les fleurs choisies par Lydia et lui adresse ses derniers mots. L'appartement de Michel est devenu un sanctuaire de femme.

Chapitre 10

Lydia refuse d'être une femme théorique pour Michel, et donc de le suivre. Lorsque ce dernier est sur le point de récupérer son sac de voyage, Galba n'ouvre pas. Il est mort. L'assistant du dresseur hurle le nom du chimpanzé qui prend cela comme un signal. Il s'exécute et lance le tourne-disque qui fait sonner le paso doble. Il danse avec le caniche devant le cadavre du maître. Il retourne chez Lydia qui l'appelle de l'aéroport. Elle part quelques mois, voulant éviter d'être adorée par Michel. Ils se retrouveront quand ils auront dessaoulé de leur malheur, seront lucides. Il sort de l'immeuble et aide une petite fille à enfiler son soulier. Elle l'aide à traverser.

LES RAISONS DU SUCCÈS

Les années 1970 sont houleuses, entre la réaction des Américains voulant arrêter la guerre du Vietnam, les chocs entre l'IRA et les militaires du pays, Pinochet menant à bien son putsch au Chili, le monde connaissant son premier choc pétrolier. Concernant l'art, plusieurs grands noms de la littérature, de la peinture et de la musique meurent : André Malraux, John Dos Passos, Jean Giono, Marcel Pagnol, Picasso et Jimmy Hendrix.

On découvre Lucy tandis que l'Interruption Volontaire de Grossesse (IVG) est votée en France grâce à Simone Weil. L'équité homme-femme soutient l'idée selon laquelle la puissance paternelle est remplacée par l'autorité parentale, incluant d'office la mère. Les écoles deviennent obligatoirement mixtes et la pensée du salaire égal quel que soit le sexe commence à émerger.

C'est aussi la période des avancées aériennes puisque le Boeing 747, alors le plus gros avion, inaugure le vol entre New York et Londres avec plus de trois cents voyageurs. Le Concorde réalise lui aussi ses premiers vols réguliers. Mais la course hors de la stratosphère déjà bien entamée se poursuit avec Apollo 14 qui foule la Lune. Parallèlement le Japon et la Chine lancent leurs premiers satellites respectifs.

De fait, il s'agit d'une période véritablement dense politiquement, artistiquement, et qui connaît un bond technologique déroutant. Les pays oscillent entre des événements éprouvants, libertaires et révolutionnaires. Si *Clair de femme* a eu autant de succès, c'est parce qu'il a réussi à rendre compte de l'atmosphère bouillonnante des années 1970. En outre, il confère à la femme, surtout par son titre, une place importante qui lui revenait : le lectorat féminin, que l'auteur appelle, répond. Lorsqu'il sort en librairie, le livre se démarque tant que Vassilis Alexakis écrit le 24 juin 1977 dans un article du *Monde*, « Les succès de l'année » : « Michel Déon (*Les*

Vingt Ans du jeune homme vert) et Romain Gary (*Clair de femme*) viennent en tête de l'équipe Gallimard. »

Cette même année, des œuvres de Marcel Pagnol, Claude Mauriac, Simenon sortent en librairie, en plus des romans de gare qui séduisent les lecteurs. La littérature connaît donc quelques remous face aux crises idéologiques et identitaires que traversent les différents pays. En musique, cela se note notamment par la naissance du rock et des guitares qui se veulent être la voix de la rébellion.

D'après ce même article du *Monde* paru durant l'été 1977, les lecteurs s'orientent de plus en plus vers des ouvrages sentimentaux, et c'est ce dernier point que la quatrième de couverture de *Clair de femme* met particulièrement en évidence : « Ce nouveau livre de Romain Gary est un chant d'amour […] au couple », tout en présentant la fatalité que doit surmonter Michel par l'expression dramatique « un destin inéluctable ». Autant de mises en appétit exploitant le pathos qui fonctionnent et incitent à la lecture du livre. Et, comme le souligne Vassilis Alexakis : « Les livres qui se vendent le mieux, avec les romans, ce sont les ouvrages à caractère autobiographique qui ressemblent, justement, à des romans. » Or *Clair de femme* se construit exactement sur ce modèle, puisque la narration est à la première personne et constitue la voix de Michel ; cela participe indubitablement à son rayonnement.

Étant donné le sujet du livre résolument dans l'ère du temps, le réalisateur Costa-Gavras présente l'adaptation cinématographique de *Clair de femme* en 1979. Il choisit Romy Schneider pour jouer Lydia et Yves Montand pour Michel, Jean Reno pour le barman et Roberto Benigni pour le señor Galba. « Le film connaît un énorme succès de public, certains croient y trouver un écho des rapports de Romain Gary avec Jean Seberg (qui se suicidera au moment de la sortie du film) », nous dit L.M, le 4 décembre 1980 dans *Le Monde*. Le film est ainsi nominé pour le César de la meilleure actrice, du meilleur film et du meilleur réalisateur. Il remporte également celui du meilleur son.

Si certains voient dans *Clair de femme* la relation qu'entretiennent alors Romain Gary et Jean Seberg qui se sont séparés, c'est oublier en grande partie l'influence de Gary sur ses propres œuvres. En effet, elles se nourrissent entre elles, et c'est pourquoi l'on retrouve dans *Clair de femme* des similitudes avec *Chien Blanc* et *Charge d'âme*, dont le titre revient plusieurs fois. Romain Gary réemploie la figure du dresseur de chien, Carruthers dans *Chien Blanc* et Galba dans *Clair de femme*. Mais la dimension que revêt ce type de personnage se nuance pour paraître dans toute sa cruauté ironique.

Publié deux ans après *La Vie devant soi*, qui reçut le Prix Goncourt grâce à l'intervention de Paul Pavlowitch pour jouer Ajar, Romain Gary traite de la même manière du thème de la vieillesse qui s'empare des hommes et des femmes et qui désagrège les différentes formes d'amour qui les unit. En 1976, Gary publie encore sous le paraphe d'Émile Ajar *Pseudo* où la folie est à son comble, et celle-ci entre en résonnance avec l'ivresse de Michel dans *Clair de femme*. L'aliénation dépasse enfin la psychologie et prend ici une tournure relevant du social et du sentimental. En outre, la fin du roman annonce clairement *L'Angoisse du roi Salomon*, écrit sous son pseudonyme Émile Ajar et qui paraît au moment de la sortie du film de Costa-Gavras.

LES THÈMES
PRINCIPAUX

Nous retrouvons parmi les thèmes centraux de *Clair de femme* la mort, qui ne cesse de rôder autour des protagonistes. Romain Gary commence dès le premier chapitre à l'évoquer par la description de Lydia à un âge avancé : les ans ont blanchi ses cheveux et marqué les traits de son visage par des rides. Le participe passé renforce cette idée, avec « essoufflée », qui suggère qu'elle a perdu le dynamisme et l'enthousiasme de la jeunesse. C'est ce qu'elle dira au chapitre VIII en recourant à la personnification de la vie : « Je crains que la vie ne soit pas à la hauteur, ami. Elle s'essouffle très rapidement. » Lydia représente la sénescence naturelle qui ne touchera jamais Yannick. Cette dernière symbolise en revanche la résistance, en ce qu'elle ne s'est pas laissée ravir prématurément par le cancer en choisissant délibérément l'euthanasie. L'auteur a ainsi recours aux champs lexicaux de la mort et de la maladie : « fantômes », « méphistophélique », « diagnostic » et « désespoirs » dès le chapitre I, « malaise » et « rôder » au chapitre V. Ce sont des termes froids et pesants qui ouvrent donc le roman.

Si *Clair de femme* présente des personnages féminins attachants par leur combativité, Yannick a son envers masculin : le señor Galba. En effet, ce dresseur de caniches est hanté par la mort, celle qu'il prononce « smrt » et que va répéter Michel tout au long du livre. Il a manqué de trépasser trois fois à cause d'infarctus, et la quatrième crise le guette. De fait, il angoisse à l'idée de rester seul et voue son temps à la beuverie. C'est pourquoi le terme de « solitude » revient plusieurs fois dans la narration et que ce personnage ne passe pas un moment sans être accompagné. Son chien, Matto Grosso, devient son gardien. Mais, sentant que son maître n'en a plus pour longtemps, il meurt. Le señor Galba, qui prétend alors avoir encore de nombreuses années à vivre en se convainquant que son chien s'est trompé, engage pourtant une prostituée qui en vient à s'inquiéter pour lui. Elle s'en va puisque Michel lui annonce son arrivée pour récupérer son sac de voyage qu'il a laissé chez Galba. C'est à cet instant que la mort en profite pour le happer. Alors que ce dernier redoutait la solitude, Yannick, au contraire, demandait à être seule pour affronter la mort avec honneur. Et c'est cette solitude expressément accordée à sa femme qui amène Michel à être hanté par elle, comme le confirme le chapitre III lorsqu'il se parle à lui-même : « - Est-ce que je suis envahissante ? / - Terriblement, lorsque tu n'es pas là. / Je me levai et quittai le miroir. »

Afin d'éviter que l'obsession de la mort règne d'une main de fer sur lui, le señor Galba dédie sa vie au divertissement. Il étudie dès lors le dressage, thème déjà exploité dans *Chien Blanc* mais différemment. Le spectacle que monte et étudie Galba montre, par le paso doble que dansent chimpanzé et caniche rose, le caractère sordide et obscène du dressage qui est contre nature. De fait, lorsque les numéros prennent fin et qu'il n'est pas en répétition, le malheur du dresseur décuple et résonne dans tout son être, ce qui le dirige vers la boisson, autre moyen de détourner la réalité de sa conscience. Mais c'est cet aveuglement volontaire qui le propulse vers les infarctus à répétition : car le dressage contre nature est le reflet de son positionnement vis-à-vis de la mort qu'il refuse. Dès lors, il dévie et s'éloigne de la possibilité de mener une vie paisible, et de connaître une mort sereine.

Est liée à la mort la question de l'éthique et de l'euthanasie. Cette pratique est interdite en France concernant les humains mais non pour les animaux souffrant. Avec l'accord de son époux, Yannick recourt à ce procédé tacitement par le suicide. Le couple n'avertit personne, ce qui explique les incompréhensions et la surprise de l'entourage de Michel lorsqu'il annonce que sa femme l'a quitté. Romain Gary utilise ici le quiproquo. Alors que cette figure de style est souvent sollicitée dans les situations burlesques, son utilisation dans un contexte dramatique a un effet d'autant plus déchirant. On retrouve le même ton grinçant de tragicomédie au chapitre VII grâce à l'allégorie : « Il y a des moments où je suis capable de prendre l'horreur, de lui tordre le cou et, pour qu'elle crève plus vite, je la force à rire. Le rire, c'est parfois une façon qu'a l'horreur de crever. »

Alors que la mort permet d'épargner Yannick des afflictions supplémentaires du cancer, le conjoint de Lydia, Alain, est soumis à expérimenter chaque jour une existence amoindrie. En effet, ayant un défaut langagier depuis son accident de voiture qui a tué leur fille, Alain ne parvient pas à communiquer avec son entourage qui l'oblige à suivre une rééducation longue et douloureuse. Après avoir tenté de sauter par la fenêtre, un garde du corps a été embauché afin de le forcer à vivre. L'appartement dans lequel Alain passe ses journées devient une cage, alors que déjà son aphasie l'emprisonne. Nous voyons de fait les bienfaits de l'euthanasie lorsqu'elle est acceptée, et toutes les affres qu'elle provoque lorsqu'elle est rejetée. Alors que Michel aide Yannick à partir, Alain, celui à qui on refuse d'être libéré et de retrouver la paix, tourne comme un lion en cage. En outre, Michel rebondit directement en écoutant les consignes de sa femme : être heureux avec une autre malgré le veuvage. Ravagé par la tristesse et l'ivresse du deuil, son entourage le considère d'un œil mauvais. Il est jugé, comme Lydia craignait de l'être chez Sonia lors de l'anniversaire d'Alain en amenant un autre homme.

L'illusion fait partie des thèmes phares de *Clair de femme*. Michel, à titre d'exemple, est deux fois l'objet d'une confusion. Au chapitre I, le señor Galba croit le reconnaître : « - … Je suis dresseur de chiens et… j'ai l'impression… / - Las Vegas, 1975, dis-je » avant de démentir tout de go à Lydia, une fois l'homme parti : « Je n'y étais pas. Mais il avait besoin de connaître quelqu'un, ce type-là… » Le phénomène se réitère au chapitre VI. En pleine célébration de l'anniversaire d'Alain, pourtant emmuré dans une pièce avec un garde du corps, Michel se fait accoster : « Je fus reconnu par un petit monsieur chauve qui me prit pour quelqu'un d'autre. Il me demanda si j'avais des nouvelles de Nicolas et je lui répondis que c'était de plus en plus difficile. » Ici, non seulement le narrateur rentre dans le jeu et se fait passer pour autrui, mais il est l'objet de l'inquiétante étrangeté inversée : il devient familier à un étranger, ce qui participe au sentiment de fraternité auquel l'auteur fait souvent appel. En effet, accepter de jouer autrui importe pour Michel, car il permet d'apporter une aide à son interlocuteur. L'entraide est, de fait, la motivation motrice de son comportement. Il est à noter que le narrateur porte un prénom ordinaire et fréquent. Il n'est que peu décrit et peut donc être tout le monde, c'est pourquoi il prête son identité.

Le thème de la croyance se retrouve également lors de l'anniversaire d'Alain où la totalité des convives est judéo-russe. Sonia, la belle-mère de Lydia, considère le désespoir comme une fatalité qu'il faut porter avec honneur. Habituée à la persécution et aux atrocités, le bonheur semble disparu et sa vie tourne autour du malheur à supporter. La religion prend donc toute la place dans leur existence, Sonia plaint ainsi Lydia devant Michel : « Ma belle-fille n'a pas de chance, Michel […] Elle ne croit pas en Dieu. Elle n'a pas de quoi vivre. » Le señor Galba s'apparente à Sonia en ce qu'il est intimement persuadé que la mort ne sévit que lorsqu'on est seul, Michel lèvera le voile sur cela au chapitre V : « C'est une superstition mexicaine […] la mort attend que vous soyez tout à fait seul pour entrer. » Et c'est précisément lorsque le señor Galba n'a plus personne à ses côtés qu'il meurt.

Le dernier point rattaché à l'illusion concerne les sentiments amoureux. En effet, Michel insiste auprès de Lydia qui réagit de manière ambiguë car elle accepte et refuse avances et propositions. Tout au long de la narration, le narrateur se convainc que Lydia est celle dont il a besoin et qui remplacera Yannick, malgré sa prudence et sa position de défense. Ainsi, au chapitre X, Lydia lui expose son analyse de la situation en le prévenant du danger de l'adulation : « Je n'ai pas envie d'être une femme théorique […] Je n'ai aucune envie d'être un instrument de culte. Notre-femme-qui-êtes au ciel. » Michel s'aveugle expressément, ce qui est une tentative de fuir la réalité, en se persuadant de la réciprocité de la relation. Du fait qu'il la choisit pour en faire une rédemption humaine et amoureuse à laquelle il s'attache par désespoir, il l'idéalise et n'entend pas son propos. Cette négation orale amène à la négation de sa personne : il projette sur elle ce qu'elle n'est pas. C'est pourquoi elle l'emmène à l'anniversaire d'Alain : « Je ne sais pas comment vous aller me juger et je vais sans doute vous paraître cruelle, mais il était grand temps que nous fassions connaissance. » Le verbe *paraître* prend tout son sens : elle ne constitue qu'un mirage aux yeux de Michel. Il s'accroche par égoïsme et la juge en la surévaluant. En outre, sa souffrance passée et actuelle le renvoie à lui-même. Ce n'est donc pas Lydia qu'il cherche mais sa propre personne : il ne perçoit que ce dont il a envie, soit les similitudes avec lui-même et les différences physiques par rapport à Yannick. De fait, il ne nourrit qu'une image partielle de Lydia. La réponse qu'il formule dans ce même chapitre V reprend clairement cette idée : « Enfin un premier éclat, lui dis-je. Nous venons vraiment de commencer. » Il continue d'entretenir l'idée qu'ils partent ensemble et que leur couple existera, alors qu'il confond adoration et amour.

L'amour n'est pas un thème à part entière dans *Clair de femme*, il sert de prétexte à traiter du de la mort et des mirages. Il n'est pas pour autant dénué d'importance, au contraire, sans l'amour entre Michel et Yannick, la forme d'euthanasie qu'ils mettent en place n'aurait pas eu lieu, ni le débat autour de la délivrance des souffrances et de la reconnaissance de la personne aimée. La disparition respective de Yannick et celle de Matto Grosso permet de la même manière de parler de la solitude qui s'empare des survivants. Le chagrin qui assiège les personnages leur permet de se retrouver et de se lier par un sentiment fraternel dû à l'entraide mutuelle. C'est d'ailleurs le malheur amoureux qui les confronte à leur existence et à leur intériorité.

ÉTUDE DU MOUVEMENT LITTÉRAIRE

Romain Gary est un véritable hapax dans l'histoire de la littérature française du XXe siècle. Il a su créer un style propre et une œuvre dont l'ossature première est la notion de fraternité. On la retrouve explicitement dans *Clair de femme* où les personnages se soutiennent pour traverser leurs multiples peines et où ils se tournent vers le divertissement pascalien pour retarder le sentiment de solitude. Romain Gary, auteur de la fraternité, s'empare régulièrement de sujets controversés qui ouvrent des pistes de réflexion au lecteur, à l'instar de l'euthanasie. Cette forme de littérature qui lui est propre donne une place importante aux relations variées, natures et sexes confondus. Les femmes ont pareillement une place prépondérante et font des livres leurs porte-voix. C'est ainsi qu'il est question dans *Clair de femme* de la frigidité dont la culpabilité, lourd héritage provenant des diverses religions que les femmes ont, empêche d'accéder au bonheur et à la jouissance.

Il s'agit par ailleurs d'une littérature très cynique qui invite à reconsidérer la société et ses travers. Les mondanités sont ainsi tournées en dérision dans *Clair de femme*. L'écrivain ne rend compte que de certaines phrases prononcées par des bourgeois ou des bien-nés, ce qui donne un pot-pourri de dialogues mondains d'une grande bouffonnerie. Il y a en outre une référence accrue à la modernité et à la technologie. C'est pourquoi il traite avec esprit des avancées spatiales chinoises qui effraient les Américains en engendrant une véritable compétition entre eux.

Ce qui saisit particulièrement dans le style garyen est le travail de la langue. Il la détourne et s'y réfère de façon récurrente. Elle a de fait, un rôle essentiel dans son œuvre puisqu'elle permet de lier comme de délier les hommes. Avec force humour, il compare ainsi le trouble du langage dont est atteint Alain à de la poésie moderne. Ensuite, c'est non sans finesse qu'il insère un admirable clin d'œil à Mallarmé par « un coup de dé abolit le hasard » au chapitre IX. Enfin, comme dans la majorité de son œuvre, Romain Gary sème des éléments liés à la mer et à l'océan dont il fait une allégorie. De la même manière, on retrouve plusieurs mises en abyme qui donnent un point de vue externe à la narration en rappelant l'acte d'écriture.

Romain Gary doit son style ainsi que les éléments clefs de son œuvre aux ouvrages qu'il a lus, aux événements personnels et professionnels vécus ainsi qu'aux hommes qu'il admire, comme André Malraux ou le Général de Gaulle. Sa mère a joué un rôle plus qu'important dans son écriture puisqu'il n'a de cesse de donner la parole aux femmes. Du reste, son œuvre loue l'équité, l'espoir et la vie.

DANS LA MÊME COLLECTION
(par ordre alphabétique)

- **Anonyme**, *La Farce de Maître Pathelin*
- **Anouilh**, *Antigone*
- **Aragon**, *Aurélien*
- **Aragon**, *Le Paysan de Paris*
- **Austen**, *Raison et Sentiments*
- **Balzac**, *Illusions perdues*
- **Balzac**, *La Femme de trente ans*
- **Balzac**, *Le Colonel Chabert*
- **Balzac**, *Le Lys dans la vallée*
- **Balzac**, *Le Père Goriot*
- **Barbey d'Aurevilly**, *L'Ensorcelée*
- **Barbey d'Aurevilly**, *Les Diaboliques*
- **Bataille**, *Ma mère*
- **Baudelaire**, *Les Fleurs du Mal*
- **Baudelaire**, *Petits poèmes en prose*
- **Beaumarchais**, *Le Barbier de Séville*
- **Beaumarchais**, *Le Mariage de Figaro*
- **Beauvoir**, *Mémoires d'une jeune fille rangée*
- **Beckett**, *Fin de partie*
- **Brecht**, *La Noce*
- **Brecht**, *La Résistible ascension d'Arturo Ui*
- **Brecht**, *Mère Courage et ses enfants*
- **Breton**, *Nadja*
- **Brontë**, *Jane Eyre*
- **Camus**, *L'Étranger*
- **Carroll**, *Alice au pays des merveilles*
- **Céline**, *Mort à crédit*
- **Céline**, *Voyage au bout de la nuit*

- **Chateaubriand**, *Atala*
- **Chateaubriand**, *René*
- **Chrétien de Troyes**, *Perceval*
- **Cocteau**, *Les Enfants terribles*
- **Colette**, *Le Blé en herbe*
- **Corneille**, *Le Cid*
- **Crébillon fils**, *Les Égarements du cœur et de l'esprit*
- **Defoe**, *Robinson Crusoé*
- **Dickens**, *Oliver Twist*
- **Du Bellay**, *Les Regrets*
- **Dumas**, *Henri III et sa cour*
- **Duras**, *L'Amant*
- **Duras**, *La Pluie d'été*
- **Duras**, *Un barrage contre le Pacifique*
- **Flaubert**, *Bouvard et Pécuchet*
- **Flaubert**, *L'Éducation sentimentale*
- **Flaubert**, *Madame Bovary*
- **Flaubert**, *Salammbô*
- **Gary**, *La Vie devant soi*
- **Giraudoux**, *Électre*
- **Giraudoux**, *La Guerre de Troie n'aura pas lieu*
- **Gogol**, *Le Mariage*
- **Homère**, *L'Odyssée*
- **Hugo**, *Hernani*
- **Hugo**, *Les Misérables*
- **Hugo**, *Notre-Dame de Paris*
- **Huxley**, *Le Meilleur des mondes*
- **Jaccottet**, *À la lumière d'hiver*
- **James**, *Une vie à Londres*
- **Jarry**, *Ubu roi*
- **Kafka**, *La Métamorphose*
- **Kerouac**, *Sur la route*
- **Kessel**, *Le Lion*

- **La Fayette**, *La Princesse de Clèves*
- **Le Clézio**, *Mondo et autres histoires*
- **Levi**, *Si c'est un homme*
- **London**, *Croc-Blanc*
- **London**, *L'Appel de la forêt*
- **Maupassant**, *Boule de suif*
- **Maupassant**, *Le Horla*
- **Maupassant**, *Une vie*
- **Molière**, *Amphitryon*
- **Molière**, *Dom Juan*
- **Molière**, *L'Avare*
- **Molière**, *Le Malade imaginaire*
- **Molière**, *Le Tartuffe*
- **Molière**, *Les Fourberies de Scapin*
- **Musset**, *Les Caprices de Marianne*
- **Musset**, *Lorenzaccio*
- **Musset**, *On ne badine pas avec l'amour*
- **Perec**, *La Disparition*
- **Perec**, *Les Choses*
- **Perrault**, *Contes*
- **Prévert**, *Paroles*
- **Prévost**, *Manon Lescaut*
- **Proust**, *À l'ombre des jeunes filles en fleurs*
- **Proust**, *Albertine disparue*
- **Proust**, *Du côté de chez Swann*
- **Proust**, *Le Côté de Guermantes*
- **Proust**, *Le Temps retrouvé*
- **Proust**, *Sodome et Gomorrhe*
- **Proust**, *Un amour de Swann*
- **Queneau**, *Exercices de style*
- **Quignard**, *Tous les matins du monde*
- **Rabelais**, *Gargantua*
- **Rabelais**, *Pantagruel*

- **Racine**, *Andromaque*
- **Racine**, *Bérénice*
- **Racine**, *Britannicus*
- **Racine**, *Phèdre*
- **Renard**, *Poil de carotte*
- **Rimbaud**, *Une saison en enfer*
- **Sagan**, *Bonjour tristesse*
- **Saint-Exupéry**, *Le Petit Prince*
- **Sarraute**, *Enfance*
- **Sarraute**, *Tropismes*
- **Sartre**, *Huis clos*
- **Sartre**, *La Nausée*
- **Senghor**, *La Belle histoire de Leuk-le-lièvre*
- **Shakespeare**, *Roméo et Juliette*
- **Steinbeck**, *Les Raisins de la colère*
- **Stendhal**, *La Chartreuse de Parme*
- **Stendhal**, *Le Rouge et le Noir*
- **Verlaine**, *Romances sans paroles*
- **Verne**, *Une ville flottante*
- **Verne**, *Voyage au centre de la Terre*
- **Vian**, *J'irai cracher sur vos tombes*
- **Vian**, *L'Arrache-cœur*
- **Voltaire**, *Candide*
- **Voltaire**, *Micromégas*
- **Zola**, *Au Bonheur des Dames*
- **Zola**, *Germinal*
- **Zola**, *L'Argent*
- **Zola**, *L'Assommoir*
- **Zola**, *La Bête humaine*
- **Zola**, *Nana*
- **Zola**, *Pot-Bouille*